Guguinha

Ler e pintar

Isabel Borges e **Teresa Gôja**

Ilustrações de **Liliana Lourenço**

Casos de Leitura

2

CAMÕES
INSTITUTO
DA COOPERAÇÃO
E DA LÍNGUA
PORTUGAL
MINISTÉRIO DOS NEGÓCIOS ESTRANGEIROS

LIDEL

EMPRESA PROMOTORA
DA LÍNGUA PORTUGUESA

A **Lidel** adquiriu este estatuto através da assinatura de um protocolo com o **Camões – Instituto da Cooperação e da Língua,** que visa destacar um conjunto de entidades que contribuem para a promoção internacional da língua portuguesa.

EDIÇÃO E DISTRIBUIÇÃO
Lidel – Edições Técnicas, Lda.
Rua D. Estefânia, 183, r/c Dto. – 1049-057 Lisboa
Tel.: +351 213 511 448
lidel@lidel.pt
Projetos de edição: editoriais@lidel.pt
www.lidel.pt

LIVRARIA
Av. Praia da Vitória, 14 A – 1000-247 Lisboa
Tel.: +351 213 511 448
livraria@lidel.pt

Copyright © 2017, Lidel – Edições Técnicas, Lda.
ISBN edição impressa: 978-989-752-297-0
1.ª edição impressa: outubro 2017
Reimpressão de julho 2019

Paginação: Carlos Mendes
Ilustração: Liliana Lourenço
Impressão e acabamento: DPS - Digital Printing Services, Lda. - Agualva-Cacém
Dep. Legal: 432473/17

Capa: Liliana Lourenço

Todos os nossos livros passam por um rigoroso controlo de qualidade, no entanto, aconselhamos a consulta periódica do nosso *site* (www.lidel.pt) para fazer o *download* de eventuais correções.

 projeto **Guguinha** é dirigido a crianças do ensino pré-escolar ou início do 1.º ciclo, ajudando-as, de uma forma lúdica e estimulante, na aquisição das competências necessárias para a aprendizagem da leitura, da escrita e do cálculo. É também dirigido a crianças cujas competências linguísticas sejam as de língua materna, de herança, língua segunda ou estrangeira, permitindo a exploração oral da língua portuguesa.

Este projeto é composto pelos seguintes materiais:

Guguinha aprende a falar português apresenta belas e divertidas histórias, lengalengas e canções criadas por Ana Sofia Paiva, Marco Oliveira e Nuno Morão, a partir das quais são propostas inúmeras atividades que pretendem desenvolver várias competências em todas as áreas da educação de infância.

Disponibiliza em CD: duas versões de cada história, uma lengalenga e uma canção por cada unidade, de forma a adaptar-se aos conhecimentos de língua portuguesa da criança.

O **Livro do Professor** inclui cartazes e cartões para exploração de vocabulário para cada uma das nove unidades, assim como sugestões e propostas de trabalho.

Guguinha aprende a fazer grafismos, **Guguinha aprende os sons das letras** e **Guguinha aprende a contar** incidem principalmente no exercício da motricidade fina, na exploração fonética e noção de número.

Os materiais que compõem o projeto Guguinha complementam-se e podem ser usados em paralelo.

Guguinha – Ler e pintar 1, **Guguinha – Ler e pintar 2** e **Guguinha – Ler e pintar 3** permitem trabalhar a leitura de uma forma muito divertida e estimulante.

Este caderno **Guguinha – Ler e pintar 2** aborda a leitura incidindo especificamente nos vários casos de leitura.

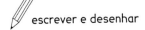 escrever e desenhar ligar assinalar pintar

chuva

	e		c	z	
i		h	o		r
	c			m	
l		n	u		v
	d			p	a

milho

	u	r		p	
s			h		j
	a	l	e		o
m			v	n	
	i	e			x

abelha

rolha

toalha

palhaço

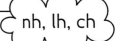
rainha

libelinha

montanha

golfinho

rainha

	h		h	a
o		v	p	c
u	i		n	
l	a	j		s
r			e	

rolha

p		r	u		s
	d			g	
l		o	f		b
	e	d		n	
h		a	j		x

chapéu ☐

aranha ☐

gafanhoto ☐

dinheiro ☐

concha ☐

doninha ☐

golfinho ☐

joaninha ☐

salsichas ☐

andorinha ☐

unha ☐

minhoca ☐

agulha ☐

mochila ☐

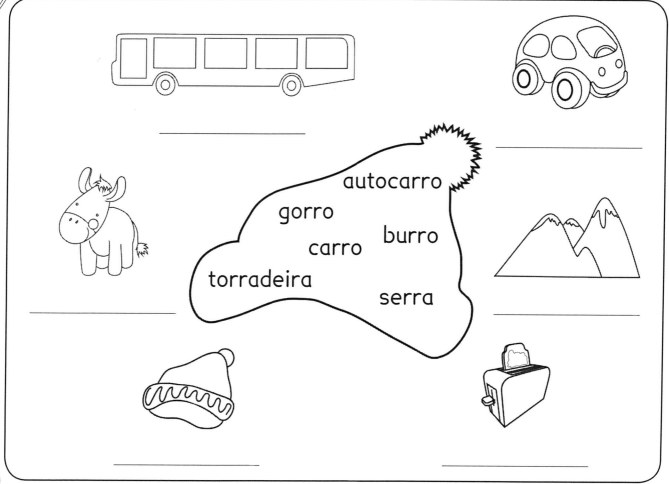

autocarro

gorro

burro

carro

torradeira

serra

☐ **1** O gorila é gordo. ☐

2 O caracol anda devagar.

3 A pera é saborosa.

☐ **4** A sereia é bonita. ☐

9

☐ É um carro.

☐ É um copo.

☐ É um barco.

☐ É um burro.

☐ É um farol.

☐ É um foca.

☐ É uma árvore.

☐ É uma amora.

☐ É uma janela.

☐ É um jacaré.

☐ É um autocarro.

☐ É um automóvel.

...r..., ...rr...

carro

n	e		p	u
	b		f	l
v		a	r	
	c	g		s
j	h		r	o

garrafa

d		s	a		f
	x	r		e	
u	b		r		a
o		a		g	l
	g		c	b	

11

osso

massa

dinossauro

pêssego

pássaro

vassoura

asa

camisa

casota

oásis

camisola

raposa

casa

	o		p	a	
d		c	e		d
	h			s	i
q		v	a		j
	r	u		n	

rosa

	p		f		u
l		i		r	
	z	t	o		d
m		v		j	e
	a		s		

13

É um pássaro?

☐ Sim. ☐ Não.

É uma casa?

☐ Sim. ☐ Não.

É um oásis?

☐ Sim. ☐ Não.

É um casaco?

☐ Sim. ☐ Não.

raposa

...s..., ...ss...

	d	r		g	
n	a		b		i
		e		s	
h	p		o		a
u		m		l	u

casaco

	r		g		o
x	i	d		f	
l		v	u	a	c
	c		h		e
i		a		s	

15

O autocarro leva muitas pessoas.

A Luísa tem uma camisa cor de rosa.

O pássaro tem uma asa roxa.

A raposa come um osso.

16

jarra

☐ sim   ☐ não

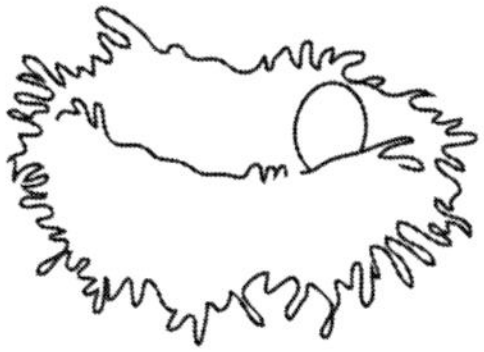

xarope

☐ sim   ☐ não

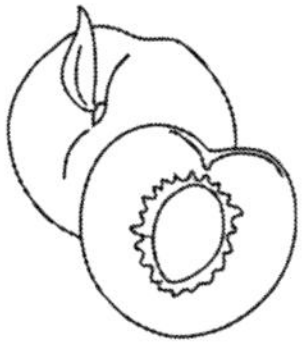

pêssego

☐ sim   ☐ não

rosa

☐ sim   ☐ não

coleira

☐ sim   ☐ não

torradeira

☐ sim   ☐ não

doce ☐

alce ☐

cegonha ☐

melancia ☐

cidade ☐

cinema ☐

bicicleta ☐

cenoura ☐

cebola ☐

céu ☐

polícia ☐

pocilga ☐

pincel ☐

morcego ☐

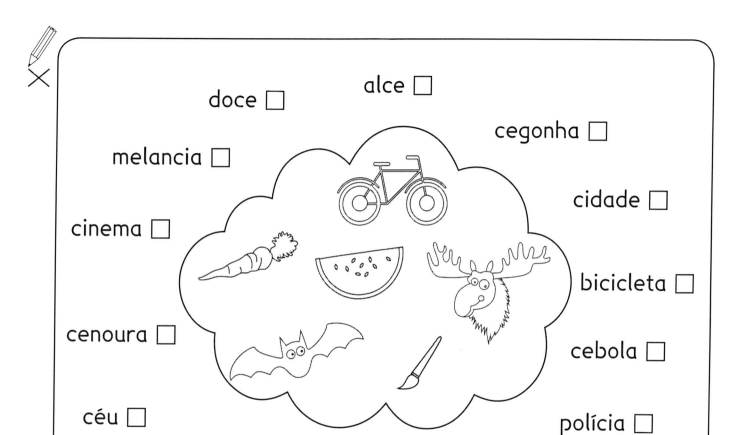

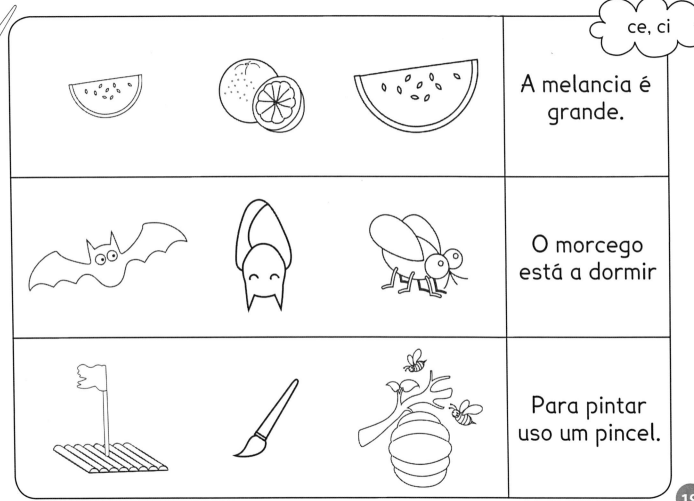

ce, ci

A melancia é grande.

O morcego está a dormir

Para pintar uso um pincel.

19

morcego

```
        v     z           e     h

  j     t           c           g

  m           d           o

        o           r           u

  i           l           f
```

cinema

```
              c     o           t

  s                 l     e           a

              i                 m

  d                 n     q     u     v

                    p           j           h
```

ce, ci

O céu é azul e vermelho.

A cebola faz chorar.

O morcego é cinzento.

O palácio tem duas torres.

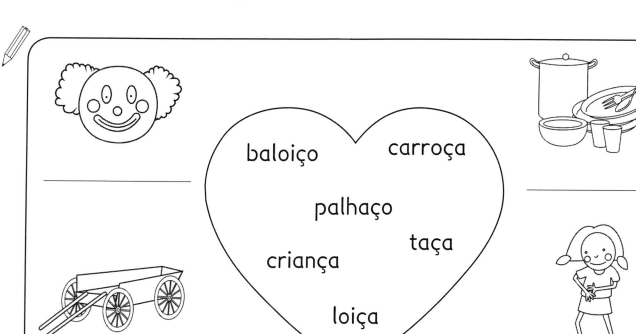

baloiço

carroça

palhaço

taça

criança

loiça

...ç...

coração

maçã

rebuçado

ouriço

23

geleia

relógio   tigela

tangerina

gelado

gelo

gelatina

b	c	m
d	v	i	n
g	l	u	a
e	t
p	s	a	o

girafa

u	g	d
p	r	a
i	l	h
d	s	f	o
g	e	a

25

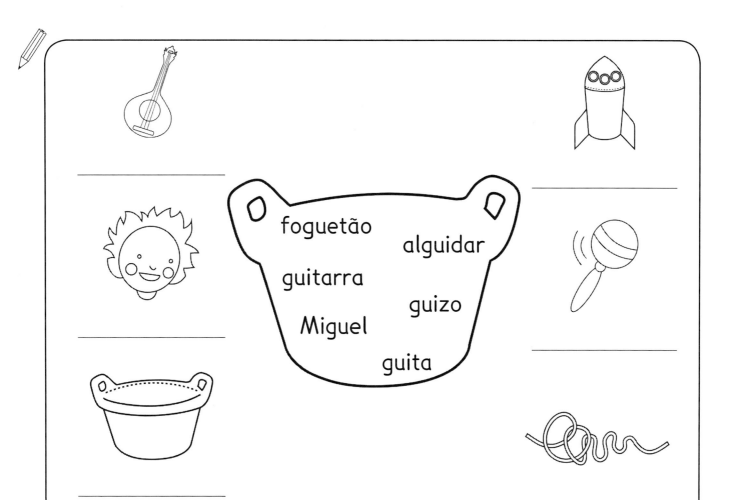

foguetão

alguidar

guitarra

guizo

Miguel

guita

O Gil come um gelado?

☐ Sim.   ☐ Não.

A girafa patina no gelo?

☐ Sim.   ☐ Não.

O Guguinha toca guitarra?

☐ Sim.   ☐ Não.

A Guida vê um foguetão?

☐ Sim.   ☐ Não.

raquete ☐

quiosque ☐

máquina ☐

quivi ☐

quadrado ☐

faquir ☐

quati ☐

quadro ☐

quinze ☐

quilo ☐

queque ☐

queijo ☐

quinta ☐

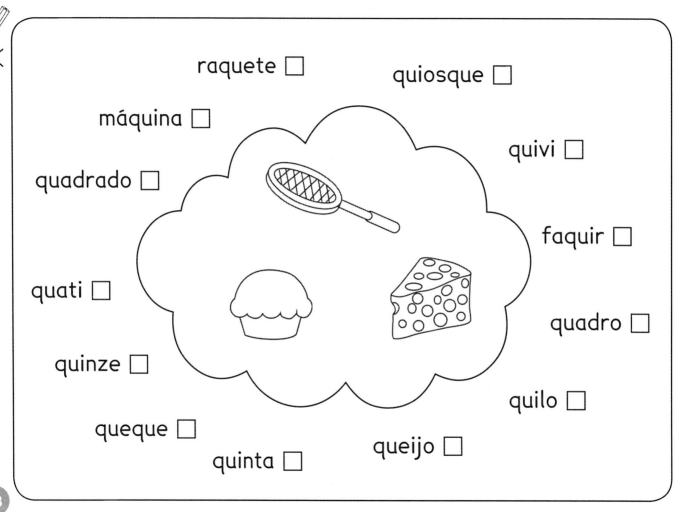

28

que, qui

leque

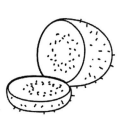

s		b	f	a
	l		r		m
z		e		q	o
	t		p	u
v		d	n		e

quivi

	n	a		b	l
d	r	i		e
	u		v		i
c		o		m	v
	q		h		j

29

O rato come o queijo?

☐ Sim.   ☐ Não.

O esquilo trepa à árvore?

☐ Sim.   ☐ Não.

Na quinta há quinze galinhas?

☐ Sim.   ☐ Não.

O Quim tem uma máquina fotográfica?

☐ Sim.   ☐ Não.

quivi

esquilo

leque

quinta

queijo

queque

_____

_____

_____

_____

_____

índio ☐

andorinha ☐

bombom ☐

laranja ☐

comboio ☐

fonte ☐

diamante ☐

jardim ☐

tenda ☐

elefante ☐

tambor ☐

nuvem ☐

pantufa ☐

orangotango ☐

panda ☐

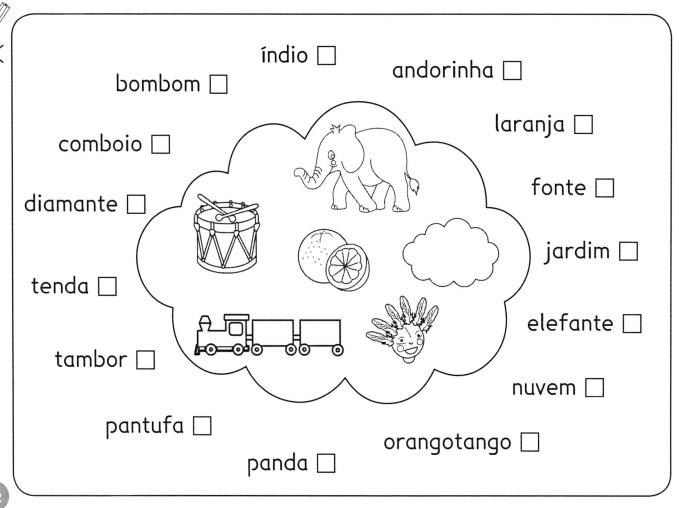

O Guguinha tem uma bandeira encarnada e cinzenta.

Ele tem um lenço cor de rosa ao pescoço.

No carrinho há cinco tangerinas e onze flores.

As tangerinas são cor de laranja e as flores são encarnadas.

A serpente é:	O diamante é:
☐ perigosa.	☐ pegajoso.
☐ redonda.	☐ brilhante.
☐ doce.	☐ mole.
O Guguinha é:	O bombom é:
☐ um peixe.	☐ venenoso.
☐ um mamífero.	☐ doce.
☐ uma ave.	☐ salgado.
O panda é:	O jardim tem:
☐ minúsculo.	☐ zebras.
☐ grande.	☐ semáforos.
☐ bicudo.	☐ relva.

O elefante tem uma grande _____.

Ele é _____.

Em cima do _____ há

duas _____ e três _____.

cinzento

elefante

tromba

aranhas

minhocas

35

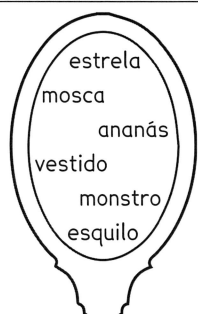

estrela

mosca

ananás

vestido

monstro

esquilo

as, es, is, os, us

			O Guguinha está a pintar.
			O Guguinha está a andar de bicicleta.
			O Guguinha está a comer um gelado.
			O Guguinha está a ler um livro.
			O Guguinha está a escrever.

37

avestruz

q	n		s		m
a		e		t	
	v		f		p
g		s	d	r	u
	c	v		o	z

chafariz

m			x	r	i
	b	e		a	
j	s	d	f		z
c		o		l	u
	h			a	v

38

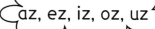

az, ez, iz, oz, uz

O _____ chama-se Avilez.

Ele tem um _____ muito redondo.

O Avilez joga _____ muito bem e gosta de
comer bolo de _____.

Um dia viu uma _____ muito grande.

nariz

noz

xadrez

rapaz

avestruz

39

rolha ☐

abelha ☐

rainha ☐

Guguinha ☐

milho ☐

ervilha ☐

farinha ☐

toalha ☐

libelinha ☐

vinho ☐

galinha ☐

moinho ☐

golfinho ☐

palhaço ☐

montanha ☐

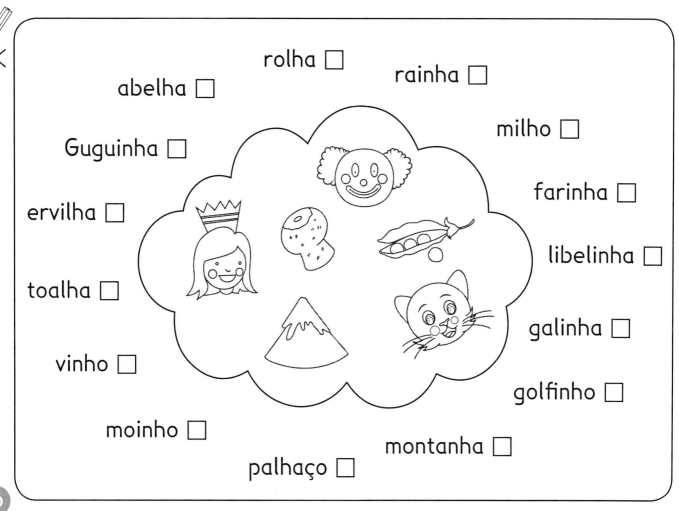

A árvore tem:

☐ pernas. ☐ mãos.
☐ ramos.

A borboleta é:

☐ um peixe. ☐ um inseto.
☐ um réptil.

O camião tem:

☐ rodas. ☐ panelas.
☐ pés.

O iogurte é feito com:

☐ mel. ☐ leite.
☐ ovo.

Na floresta há:

☐ mar. ☐ areia.
☐ animais.

O prato é:

☐ mole. ☐ redondo.
☐ bicudo.

O dominó é:

☐ uma flor. ☐ um jogo.
☐ um fruto.

A rosa é:

☐ um animal. ☐ uma flor.
☐ uma panela.

O Guguinha vai à praia com a girafa, o pinguim e o burro.

Eles levam um balde, uma pá, um ancinho, um barco e uma bola.

O céu está azul e há três nuvens.

O sol brilha muito.

			No chão há muitas formigas.
			Sonhei com um monstro.
			Na mesa há cinco morangos.
			Ele tem uma tromba comprida.

	Nós vemos com os...
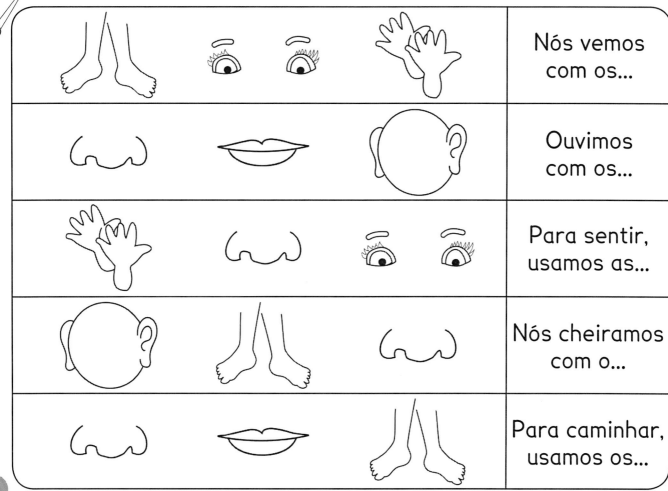	Ouvimos com os...
	Para sentir, usamos as...
	Nós cheiramos com o...
	Para caminhar, usamos os...

44

O burro gosta de comer _____.

Ele puxa uma _____ cheia de _____.

Está um dia de _____ e os _____
voam felizes.

sol
carroça
cenouras
alfaces
pássaros

45

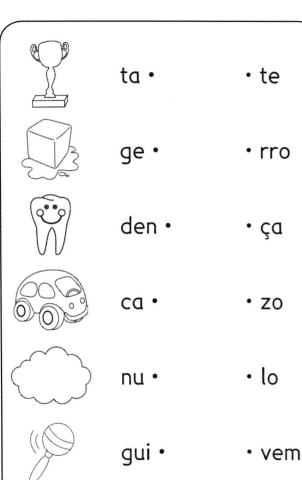

ta •	• te
ge •	• rro
den •	• ça
ca •	• zo
nu •	• lo
gui •	• vem

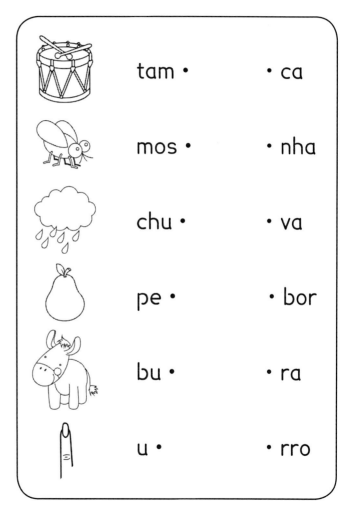

tam •	• ca
mos •	• nha
chu •	• va
pe •	• bor
bu •	• ra
u •	• rro

No chão rasteja uma •   • boca.

O dragão deita fogo pela •   • flores.

O lagarto está deitado ao •   • limonada.

O jardineiro rega as •   • livro.

O leão tem uma grande •   • cobra.

Com limão faz-se •   • menina.

O menino lê um •   • sol.

O papagaio imita a •   • juba.

cabelo

pé

barriga

peito

olho

nariz

pescoço

mão

perna

umbigo

orelha

braço

boca